*CIRO RAGONE*

# PROGRAMMAZIONE STRUTTURATA:

# TECNICHE DI PROGETTAZIONE E PROGRAMMAZIONE

*Linguaggi di riferimento: C e Pascal*

Data la frequenza d'aggiornamento degli strumenti di sviluppo e dei linguaggi, i contenuti si intendono fedeli allo stato dell'arte al momento della pubblicazione.

Puoi aiutare l'autore a migliorare tale guida, lasciando una recensione descrivendone i pregi e i difetti.

## PREFAZIONE

Questo testo si propone di far conoscere le tecniche di progettazione di un algoritmo che utilizzate con tecniche di programmazione permettono al lettore di scrivere programmi. Fondamentale per l'approccio al mondo dell'informatica è l'algoritmo più che l'implementazione stessa. Molte volte viene premiata l'idea più che l'esecuzione della stessa. Per questo motivo è necessario conoscere i concetti base ovvero conoscere quali strumenti abbiamo a disposizione per mettere in pratica il nostro                                                                                   ingegno.
Il documento si divide in due parti:

1. Una prima riguardante le tecniche di progettazione per poter aprire la mente all'informatica, conoscere gli approcci ai problemi e gli schemi consolidati che hanno reso questa disciplina una scienza. Analizzeremo il pseudolinguaggio, i diagrammi di flusso ecc
2. La seconda parte riguarda i concetti informatici veri e propri che ci permettono di programmare. Due sono i linguaggi di riferimento: il PASCAL e il C. La scelta di seguire due linguaggi contemporaneamente è stata necessaria per espletare lo scopo del libro ovvero rendere coscienzioso l'utente che è fondamentale sapere cosa fare e poi saperlo applicare poiché quasi tutti i linguaggi di programmazione si basano sui concetti che esamineremo.

Tutti i programmi scritti nel documento possono essere scaricati da:

Oggetto della prossima (ed ultima) guida sono le tecniche di programmazione avanzate quali: lista, code, stack, puntatori, gestione dei file, algoritmi di ordinamento e di ricerca, sistemi di numerazione, struttura di un elaboratore, puntatori....

# 1. INTRODUZIONE

## 1.1   CHE COS'E' L'INFORMATICA?

Rispondere a tale domanda sembra semplice, invece non lo è. Non è immediato dare la definizione per un argomento cosi vasto e in continua evoluzione.

L'informatica (informazione automatica) è la scienza della rappresentazione e dell'elaborazione dell'informazione. Tale disciplina si è radicata nella nostra vita, presente in ogni attimo. Per comprendere bene tale definizione è necessario conoscere alcuni concetti ed esaminare alcune definizioni.

## 1.2   PROGRAMMA

L'obiettivo di questo libro è permettere al lettore di scrivere un programma che sia funzionante e performante. Ma cos'è un programma? Esso è un insieme di istruzioni che analizzate ed eseguite da un calcolatore, produce soluzioni. Forniti al computer i dati in input e le operazioni da eseguire esso stamperà i risultati in output.

Per ottenere un codice efficace ed efficiente in termini di prestazioni (tempo di esecuzione, n. di istruzioni, memoria utilizzata) è necessario realizzare un algoritmo.

## 1.3   LINGUAGGI DI PROGRAMMAZIONE

Per affrontare il concetto di linguaggio di programmazione è necessario conoscere tre termini:

lessico, sintassi e semantica

- Lessico (o vocabolario): Insieme di parole di una lingua sicché per un compilatore quest'ultimo costituisce l'insieme di termini accettati ed interpretati per ottenere un risultato
- Sintassi: Insieme di regole da rispettare affinché il codice sia corretto
- Semantica: Si occupa dell'interpretazione del linguaggio

Un linguaggio di programmazione è il mezzo attraverso il quale riusciamo a comunicare al computer le nostre idee.
Esso è paragonabile ad un linguaggio naturale, al pari dell'italiano che possiede il proprio lessico, sintassi e semantica.

Analogamente un linguaggio di programmazione si compone di questi tre elementi. Qualora il rispetto di uno di questi elementi venga a mancare, il programma risulterà non funzionante.

### 1.3.1 LINGUAGGIO MACCHINA E AD ALTO LIVELLO

Il linguaggio macchina è il linguaggio in cui sono tradotti i programmi da noi scritti per essere eseguiti da un computer. Gli unici simboli compresi da una macchina sono due: 0 e 1. Tale insieme viene detto codice binario ed è l'unico alfabeto utilizzabile. Ovviamente per noi umani sarebbe impossibile programmare utilizzando solo simboli ed è per questo motivo che sono nati i linguaggi di programmazione ad alto livello (Pascal, C, PHP,....).
Essi permettono di fornire istruzioni con metodi richiamanti la lingua inglese.

Un programma, poi si occupa di tradurre ciò che abbiamo scritto in alto livello in codice binario.

## 1.4 COMPILATORE

L'elemento che svolge il vero lavoro in un linguaggio di programmazione è il compilatore. Esso è un programma che effettua la compilazione, ovvero tradurre il codice ad alto livello in linguaggio macchina.

# 2. TECNICHE DI PROGETTAZIONE DEL SOFTWARE

## 2.1  SCHEMA DI LAVORO

Nel seguente paragrafo viene indicato l'approccio da tenere per poter scrivere un algoritmo con le caratteristiche indicate nel paragrafo 1.2. Analizziamo i vari passi:

1. Analisi del problema: Evidenziare i dati iniziali ed i risultati che si vogliono ottenere. Se ne precisano poi le caratteristiche. Si tenga presente che non tutti i dati forniti potrebbero essere utili per la risoluzione del problema.
2. Sviluppo dell'algoritmo: Definire un insieme di operazioni in grado di trasformare i dati forniti in input in risultati. Bisogna inoltre "coprire" tutti i casi limite, ovvero tutti i casi che potrebbero presentarsi per giungere alla soluzione del problema
3. Realizzazione del programma: Tradurre l'algoritmo nel linguaggio di programmazione scelto
4. Testing: Inserire in input dei dati per i quali conosciamo già i risultati. Se l'output soddisfa l'attesa il programma è corretto. Ripetere più volte questo passaggio. Qualora ci fossero errori, cercare e correggere gli errori.

## 2.2  APPROCCIO DI RISOLUZIONE TOP-DOWN

Il metodo top-down (alto – basso) prevede di effettuare una panoramica del problema e di passare gradualmente verso il livello inferiore dettagliando maggiormente fino a giungere ad un livello in cui non è possibile fornire un esposizione ancora più elementare. Ogni parte del sistema, dall'alto verso il basso viene quindi successivamente rifinita aggiungendo maggiori particolari.

_Un grande vantaggio_ è il livello di decomposizione del sistema poiché alla base di quest'ultimo i compiti sono ben definiti, quindi per ogni membro del gruppo di lavoro sono chiare le operazioni da compiere.

_Il più grande svantaggio_ è al contempo l'eccessività modularità che non permette di testare il programma finché non si arriva ai livelli superiori o alla conclusione del progetto.

Per capire meglio l'approccio top-down esponiamo il seguente problema:

"Un fruttivendolo vende 100kg di patate a 1€/kg, 200kg di frutta a 1,50€/kg in un giorno. Determinare l'incasso ottenuto dal commerciante".

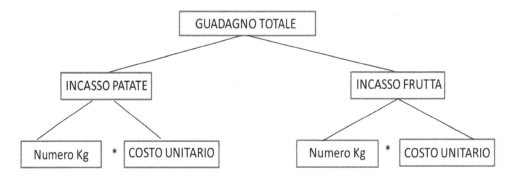

*Figura 1. Risoluzione di un problema con l' approccio top-down*

## 2.3 APPROCCIO BOTTOM – UP

Il metodo bottom – up (basso – alto) prevede di collegare tra loro oggetti elementari (bottom) in modo da costruire sistemi gradualmente più complessi fino al raggiungimento dell'obiettivo (up). Questo tipo di approccio è tipico della programmazione ad oggetti nella quale oggetti pre-confenzionati vengono estesi o integrati con altri oggetti per raggiungere l'UP.

## 2.4 GLI ALGORITMI

Il vero fulcro dell'informatica si concentra nell'algoritmo. Strumento antichissimo, risalente al Medioevo, ha permesso la risoluzione dei problemi matematici. Tale concetto si deve al matematico arabo al – Khuwarizmi.

Una definizione di algoritmo è la seguente: *un algoritmo è una successione finita di istruzioni che definiscono le operazioni da eseguire sui dati assegnati per produrre risultati.*

Ogni operazione definisce una azione compiuta sui dati d'ingresso per ottenere dati in uscita. In matematica ciò verrebbe indicato con f(x,y)=z ovvero forniti in input x e y a cui viene applicata una funzione di trasformazione otteniamo z.

*Figura 2. Black Box nella quale dai dati forniti in input (x,y) viene calcolato z.*

E' necessario che l'algoritmo scritto sia in grado di risolvere una classe di problemi e non un problema specifico.

Es. Se volessimo risolvere l'equazione 8x+15=0 è necessario scrivere un algoritmo che risolva la classe generica ax+b=0

Altre caratteristiche che un algoritmo deve possedere oltre la generalità appena citata sono le seguenti:

- Finitezza: L'algoritmo deve essere costituito da un numero finito di passi
- Correttezza: Esso deve giungere alla soluzione preposta
- Efficienza: Si deve pervenire al risultato nel minor numero di passi possibili.
- Univocità: Non deve essere ambiguo per l'esecutore
- Deterministico: Ad ogni passo deve essere definita una e una sola operazione da eseguire successivamente

Per esprimere un algoritmo ci sono diversi metodi, quelli più comuni perché di facile lettura e comprensione, saranno adottati in questo libro e sono: *pseudolinguaggio e diagramma di flusso(d.d.f)*

Questi metodi vengono analizzati nel paragrafo successivo. Inoltre, per ogni problema svolto sarà fornito il pseudocodice.

Questi strumenti sono fondamentali poiché permettono di risolvere un problema a livello astratto indipendentemente dal linguaggio strutturato che useremo quindi la realizzazione di un algoritmo è cruciale ed è un passo da svolgere con cautela.

### 2.4.1 DESCRIZIONE DISCORSIVA

E' possibile realizzare un programma partendo dalla scrittura dell'algoritmo attraverso una descrizione discorsiva.

Poniamoci nel caso di dover spiegare un problema ad un bambino che ha appreso i concetti matematici di base (addizione, sottrazione...) però non è in grado di assemblare ciò che conosce per risolvere i quesiti posti. Quando si vuole realizzare un programma, il computer equivale al nostro bambino, uno strumento che conosce le operazioni base ed esegue solo ciò che gli viene detto senza curarsi della logica.

Un primo modo di spiegare è la descrizione discorsiva, che analizziamo in questo paragrafo, come introduzione al pseudolinguaggio. Tale metodologia non sarà più ripresa nel corso del testo.

Analizziamo un problema di informatica molto ricorrente, ovvero *il minimo tra tre numeri*.

E' conveniente numerare i passi poiché potrebbe essere necessario ripetere un punto più volte.

*Input*: i tre numeri; *Output*: Il minimo numero. *Dato Intermedio*: Il minimo ogni qual volta esso viene identificato, lo chiameremo MIN;

Passo 1. Introduzione dei tre numeri dati, che chiameremo N1,N2,N3.

Passo 2. Come valore minimo (MIN) assegno N1.

Passo 3. Confronto MIN con N2. Se N2 è minore di MIN, allora MIN è N2 altrimenti MIN non varia

Passo 4. Confronto MIN con N3. Se N3 è minore di MIN, allora MIN è N3 altrimenti MIN non varia.

Passo 5. Stampo il minimo.

Tale descrizione copre tutti i casi limite infatti essa è valida anche se due o addirittura i tre numeri sono uguali.

### *Verifica dell'algoritmo*

1. Acquisizione dati: N1=5; N2=3; N3=9;
2. Siccome N1=5, MIN=5. Assegno a priori il valore di N1 a MIN, inizializzando cosi il dato MIN
3. Confronto MIN con N2 ovvero 5 e 3. N2 è minore di MIN quindi MIN←N2=3
4. Confronto MIN con N3 ovvero 3 e 9. N3 è maggiore di MIN. Non eseguo alcuna operazione
5. Stampo il MIN ovvero 3.

Poniamoci nel caso in cui due numeri siano uguali.

1. Acquisizione dati: N1=5; N2=8; N3=5;
2. MIN←N1=5;
3. MIN<N2 quindi non varia
4. MIN=N3 è uguale ma non è minore sicché non varia

Il caso dei tre numero uguali è pressoché simile, quindi non verrà descritto.

In questa lista abbiamo potuto apprendere un nuovo simbolo ovvero la ←. Tale icona viene utilizzata quando dobbiamo effettuare **un'operazione di assegnamento**. Consideriamo il passo 2 (MIN ← N1). Tale step va letto come segue: "assegna il valore del dato N1 a MIN". Si noti che il destinatario dell'operazione deve essere indicato a sinistra del segno, mentre il mittente dal quale preleviamo il valore va indicato a destra. Questa scrittura non è solo una convenzione, bensì è il modo in cui opereremo quando programmeremo. Un modo semplice per ricordare questo schemino è il seguente: "a sinistra distruttivo a destra conservativo" cioè a sinistra perdiamo il vecchio valore per inserire quello nuovo mentre a destra si conserva il dato che c'è.

## 2.4.2    DIAGRAMMA DI FLUSSO

Metodo ampiamente utilizzato per la realizzazione dell'algoritmo è il diagramma di flusso (in inglese flow chart – "leggere flo-ciart"). Tale schema è costituito da un tracciato, con senso di percorrenza fissato, lungo il quale sono distribuiti dei simboli, ognuno con un preciso significato.

Illustriamo ora le icone impiegabile nella costruzione.

| SIMBOLO | SIGNIFICATO ED UTILIZZO |
|---|---|
| INIZIO / FINE (ovali con frecce) | I simboli di inizio e fine vengono indicati mediante degli ovali. Una freccia è sempre uscente dall'icona di inizio, mentre una entrante raggiunge il simbolo di fine |
| LETTURA/ SCRITTURA (parallelogramma) | Tale simbolo indica l'acquisizione di dati dal buffer predefinito (la tastiera solitamente, in alcuni casi il mouse ma è giusto generalizzare). Si utilizza tale icona anche per indicare la scrittura sul buffer di default di output (lo schermo di consuetudine) |
| OPERAZIONI (rettangolo) | Questa icona indica un'azione generica, in particolare esse viene utilizzata per un'operazione di assegnamento, come ad esempio MIN←N1 visto in precedenza |
| condizione (rombo) | Il simbolo più importante del diagramma di flusso è il rombo. Esso simboleggia la possibilità di affrontare una condizione e in dipendenza delle varie possibilità effettuare delle determinate azioni. Tale icona permette di indicare anche un ciclo (ovvero insieme di operazioni che va ripetuta fino al soddisfacimento di una determinata condizione) |

Analizziamo ora il problema del minimo, tracciando il flow-chart.

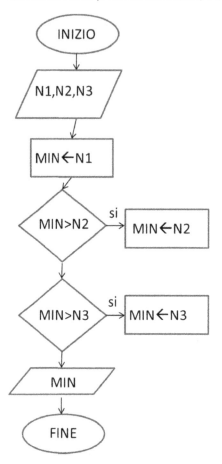

*Figura 3.* Diagramma di flusso per il problema del minimo tra 3 numeri.

### 2.4.3   IL PSEUDOLINGUAGGIO

Analizziamo questo metodo per ultimo poiché è quello che richiede già una minima esperienza nella programmazione. Affrontiamo in questo paragrafo solo il minimo indispensabile e aggiungeremo nuovi concetti gradualmente.

Studiamo ora le regole del pseudolinguaggio che si basano sull'uso dei seguenti elementi:

- **Parole chiave:** Parole che definiscono comandi speciali per il calcolatore
- **Operatori:** Utilizzo di operatori matematici, logici e di relazione
- **Variabili:** Contengono i dati (Nell'esempio precedente sono: N1,N2,N3,MIN)
- **Espressioni:** Di tipo aritmetico, logico o relazionale (permettono di definire tra le altre operazioni, le condizioni)

- **Sottoprogrammi:** Permettono di assegnare un nome ad un blocco di istruzioni e ripetere l'insieme di operazioni semplicemente utilizzando l'etichetta decisa.
- **Punteggiatura:** Crea una gerarchia nelle operazioni
- **Impaginazione:** Utilizzare l'indentazione per ottenere un codice leggibile, cosi da essere facilmente correggibile e comprensibile

### *Problema del minimo in pseudolinguaggio*

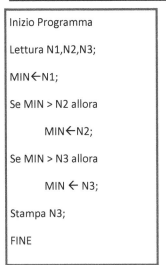

```
Inizio Programma

Lettura N1,N2,N3;

MIN←N1;

Se MIN > N2 allora

        MIN←N2;

Se MIN > N3 allora

        MIN ← N3;

Stampa N3;

FINE
```

Con questo pseudocodice il listato si avvicina al codice vero e proprio. Si possono notare operazioni di assegnamento, espressioni condizionali e impaginazione. Abbiamo utilizzato il ; ogni espressione deve terminare con questo simbolo tranne quelle che prevedono espressioni condizionali (selezione e cicli)

# PARTE SECONDA

# 3. PROGRAMMAZIONE STRUTTURATA

## 3.1 INTRODUZIONE

Esistono diversi tipi di programmazione ma noi ci concentreremo su quella strutturata che permette di affrontare la base del mondo informatico.

Tale tipologia nasce negli anni sessanta quando il luminare Dijkstra descrisse gli effetti deleteri della precedente programmazione basata sui salti incondizionati ("go to") che rendevano poco leggibile il codice dando luogo al cosiddetto problema dello spaghetti code (cosi chiamato perché l'unico modo per trovare la fine di un filo "logico" è seguirlo dall'inizio fino alla sua terminazione).

La totale affermazione della programmazione strutturata è dovuta a Bohm-Jacopini.

## 3.2 TEOREMA DI BOHM – JACOPINI

Qualsiasi programma scritto usando il goto poteva essere riscritto senza, a patto di avere a disposizione tre tipi di strutture di controllo: sequenza, selezione e iterazione. Il risultato di Böhm-Jacopini può anche essere espresso dicendo che, dato un qualunque algoritmo, esso può essere implementato utilizzando le tre strutture citate.

### 3.2.1 SEQUENZA

La struttura di controllo più semplice è la sequenza. Si utilizza quando si effettuano operazioni in cascata ovvero azioni che vengono eseguite una dopo l'altra in successione ordinata senza possibilità di scelta.

Supponiamo di voler comprare una merendina in un distributore:

1. Digitare il codice per visualizzare il prezzo.
2. Introdurre il denaro
3. Digitare il codice
4. Prelevare l'oggetto

Tali operazioni devono essere eseguite in ordine, infatti non è possibile eseguire la 4 se non abbiamo completato l'azione 3. Alcuni passi potrebbero essere sostenuti in maniera diversa modificandone la logica ma non il risultato. Ad esempio potremmo omettere la 1 qualora si conosca già il prezzo dell'oggetto desiderato

Le azioni effettuate sono state di : Lettura, Scrittura e Assegnamento.

### 3.2.2  SELEZIONE BINARIA

Ogni giorno affrontiamo delle scelte. I linguaggi di programmazione permettono di eseguire azioni se determinate condizioni sono soddisfatte.

*Es. Se ho i soldi mangio il gelato; Se ho freddo prendo la giacca, altrimenti prendo il maglione*

Il costrutto quindi può identificarsi in pseudolinguaggio come: **SE** condizione **ALLORA** azione **ALTRIMENTI** azione1.

Se la condizione è soddisfatta si eseguirà azione, qualora non sia soddisfatta si esegue l'azione1.

Abbiamo avuto già modo di analizzare il **SE….ALLORA** quando abbiamo affrontato il problema del minimo.

Ricordiamo che il simbolo nel DDF è il seguente:

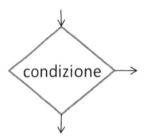

*Figura 4. Rappresentazione del simbolo di SELEZIONE in termini di D.D.F.*

### 3.2.3    ITERAZIONE

Elemento fondamentale della programmazione è l'iterazione (o ciclo). Esso viene adoperato quando dobbiamo ripetere un certo numero di volte un blocco di azioni in sequenza.

*Un esempio tipico può essere il seguente*: Vogliamo chiamare urgentemente una persona X, quindi proviamo finché quest'ultimo non risponde

| |
|---|
| Prendo la rubrica |
| Alzo la cornetta |
| Compongo il numero |
| Attendo la risposta |
|     -   Se non rispondo ho necessità di ripetere le operazioni |
| Prendo la rubrica |
| Alzo la cornetta |
| Compongo il numero |
| Attendo la risposta |
| Ciò fin quando X non risponderà. |

Per ovviare a questo problema si usa l'iterazione ovvero:

| |
|---|
| **FIN QUANDO X NON RISPONDE:** |
| Prendo la rubrica |
| Alzo la cornetta |
| Compongo il numero |
| Attendo la risposta |

In questo modo è possibile indicare che bisogna ripetere tali operazioni fin quando la condizione imposta non sia verificata.

Nel capitolo dedicato all'iterazione (cap. 8) approfondiremo i diversi modi di esprimere un'iterazione.

**Esempio 2: Somma di numeri finché non viene inserito 0**

Il problema potrebbe essere risolto in questo modo:

Inizializzo la somma a 0

Leggo il numero N

**SE** (il numero è 0) **ALLORA** esco

      **ALTRIMENTI** somma=somma+N

Leggo il numero N

**SE** (il numero è 0) **ALLORA** esco

      **ALTRIMENTI** somma=somma+N

Supponiamo che l'utente inserisca il numero 0 dopo 100 letture. Dovremmo ripetere questo codice per 100 volte; e se lo ripetesse per 200?

Per ovviare a questo problema è possibile utilizzare l'iterazione come segue:

LEGGO N

SOMMA=N;

**FIN QUANDO N<> 0**

      LEGGO N

      SOMMA=SOMMA +N

STAMPO N

In questo pseudocodice prevediamo di leggere una prima volta il dato N, assegnarlo al valore SOMMA, poi ripeto lettura e somma fino a quanto il valore letto N non è diverso da 0.

Se volessimo rappresentare questa struttura tramite il D.D.F. è possibile farlo come segue:

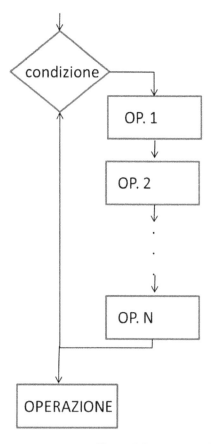

**Figura 5.** *Rappresentazione di un'iterazione in termini di D.D.F.*

Affrontiamo quindi il problema visto in pseudocodice con un flow-chart

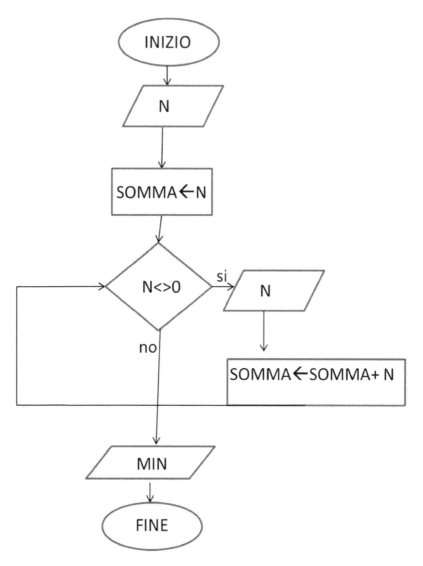

**Figura 6.** *D.D.F che permette di leggere in input un numero, sommarlo ai precedenti fino a che non viene inserito 0*

## 3.3  TIPI DI DATI

### 3.3.1  TIPI SEMPLICI

Un linguaggio è costituito da simboli che concatenati tra loro formano parole e numeri. Per questo motivo in informatica sono stati previsti dei tipi di dati *__semplici__* che permettono di memorizzare numeri interi, numeri con la virgola, lettere, booleani. Per ognuno di essi è definito un range(intervallo) di valori ammissibile e un insieme di operazioni applicabili. Ogni tipo semplice occupa un certo numero di byte prefissati in memoria. Lo spazio occupato potrebbe differire da quanto indicato poiché dipendente dall'architettura del calcolatore.

In seguito tratteremo i tipi strutturati formati da una composizione di tipi semplici.

#### 3.3.1.1  INTERI

Per tipo intero (anche detto integer o int) in linguaggio informatica intendiamo un sottoinsieme dell'insieme Z (i numeri naturali).

Il range di tale sottoinsieme è variabile ed è dipendente dall'architettura del calcolatore in uso. Ipotizziamo di trovarci su un sistema a 16 bit. L'intervallo di valori ammissibili è compreso tra

$\{-2^{15}+1,...,2^{15}\}$.     Un     bit     occorre     per     memorizzare     il     segno.
Le operazioni applicabili all'insieme sono: assegnamento, somma, sottrazione, moltiplicazione, divisione (solo il quoziente, poiché non possiamo memorizzare numeri con la virgola), mod (resto della divisione intera).

Poniamoci nel caso limite in cui sommiamo due numeri agli estremi con stesso segno. Otteniamo un risultato che non è compreso nel range. Ciò causa *underflow (*se supera il bound(limite) superiore) o *underflow* (se supera il bound inferiore). Il calcolatore stesso segnalerà il problema di overflow. In alcuni casi l'errore potrebbe non essere segnalato restituendo un risultato in modulo N (il modulo è l'operatore che calcola il resto di una divisione, N è il massimo dell'insieme)

Altri tipi semplici che sono sottoinsiemi del tipo integer sono elencati nella seguente tabella:

| TIPO | INTERVALLO | Bit/Byte OCCUPATI |
|------|------------|-------------------|
| Signed Int | -32.768 a 32.767 | 16/2 |
| Unsigned int[2] | 0 a 65.535 | 16/2 |
| Shortint | -128 a 127 | 8/1 |
| Longint | -2147483648 a 2147483647 | 32/4 |
| Byte | 0 a 255 | 8/1 |

Per i nostri programmi dichiareremo i dati interi di tipo Signed Int.

### 3.3.1.2 REALI

Per tipo reale intendiamo (un sottoinsieme) dei numeri reali studiati in matematica. Il calcolatore ha uno spazio finito in memoria quindi non è possibile rappresentare (in modo esatto) numeri quali il $\pi$.

Lo spazio occupato in memoria è di 32 bit (4 byte) per una precisione singola, 64 bit(16 byte) per quella doppia.

Restano i problemi di _overflow e underflow_ citati in precedenza. Le operazioni ammissibili sono: assegnamento, somma, sottrazione, divisione, moltiplicazione,modulo.

### 3.3.1.3 CARATTERI

Per tipo carattere intendiamo i caratteri della tabella ASCII (vedi appendice). Un carattere occupa un byte(8 bit) in memoria. Come per i numeri abbiamo che il carattere 'a' < 'b' <….<'z' e 'A' < 'B' <…<'Z'. Si tenga presente che nella tabella appaiono prima le maiuscole poi le minuscole quindi 'A'<….<'Z' < 'a' <….<'z'.

E' possibile definire una concatenazione di caratteri per formare una **stringa** (vedi capitolo 9)

### 3.3.1.4 BOOLEANO

Per tipo booleano intendiamo un dato che può assumere solo due valori "true" e "false". Tale variabile, presente in Pascal o PHP, ma non in C (ad esempio) permette di indicare lo stato di un oggetto che può assumere solo due valori. Un esempio pratico è l'interruttore ON/OFF, tra gli altri.

# 3.4   TIPI SEMPLICI DEFINITI DALL'UTENTE

## 3.4.1   SUBRANGE (PASCAL)

In molti casi è necessario definire un tipo specifico. Immaginiamo ad esempio di avere un dato nel quale memorizziamo i giorni di un mese. E' ovvio che non possiamo usare i reali, i caratteri o i booleani. Intuitivamente utilizziamo gli interi. Questo tipo di dato ha un range troppo ampio che potrebbe causare inconsistenza nei dati. Per ovviare a questo problema sarebbe possibile utilizzare la selezione binaria e controllare che il valore ricada nell'intervallo da noi deciso oppure possiamo definire un sottointervallo (subrange).

Siccome questo meccanismo è disponibile solo nel linguaggio Pascal, introduciamo la parola chiave che permettere di svolgere questo compito ovvero **type.**

Es. Definire un subrange da 1..31 → **type** NuovoTipo=1..31

Si noti che gli estremi sono inclusi ed essendo un tipo derivato dagli interi ne eredita le operazioni.

## 3.4.2   RIDEFINIZIONE

E' possibile definire tipi uguali a quelli semplici.

| PASCAL | C |
|---|---|
| **type** <NuovoTipo>=<tipo_built-in> | **typedef** <tipo_built-in> <nome_tipo> ; |
| Es. | Es. |
| **type** NuovoTipo=**integer** dove con integer indichiamo il tipo intero nel Pascal. E' inoltre possibile **type** Nuovo=NuovoTipo con NuovoTipo dichiarato in precedenza. | **typedef int** NuovoTipo dove con int indichiamo il tipo intero nel Pascal. E' inoltre possibile **typedef** NuovoTipo Nuovo con NuovoTipo dichiarato in precedenza. |

## 3.4.3   ENUMERAZIONE

E' possibile strutturare dei sottotipi elencando gli elementi che costituiscono l'insieme. Se volessimo definire i semi delle carte da gioco.

| PASCAL | C |
|---|---|
| **Type** <nome>={elenco}<br>Es.<br>**type** Semi={ Coppe,Denari,Bastoni,Spade} | **Enum** <nome>{elenco}<br>Es.<br>**enum** Semi{ Coppe,Denari,Bastoni,Spade} |

In entrambi i casi vale l'ordinamento, quindi il primo elemento è minore del secondo e cosi via, ovvero Coppe < Denari...

# 4. TECNICHE DI PROGETTAZIONE DEL SOFTWARE

## 4.1 VARIABILI

Per realizzare un programma è necessario utilizzare diverse concetti informatici. Introduciamo quello di variabile.

Quando scriviamo codice abbiamo la necessità di memorizzare i nostri dati all'interno della memoria (RAM) cosicché, questi possa essere recuperati ed utilizzati al momento opportuno.

Negli esempi precedenti del minimo e della somma è stato già introdotto il concetto di _variabile_ ma l'abbiamo chiamato "dato" in maniera generica.

Immaginiamo di avere una serie di scatole, ad ognuno assegniamo un nome in modo da poterle identificare facilmente.

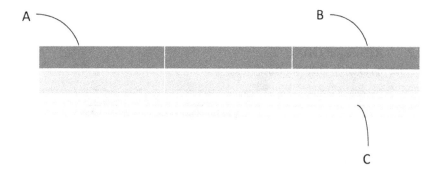

**_Figura 7._** _Rappresentazione di variabili_

Per valorizzare i "cassetti" è possibile scrivere in:

| PASCAL | C |
|---|---|
| A:=3; B:=10; C:=15; | A=3;B=10;C=15 |

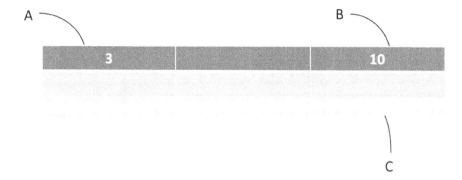

*Figura 9. Rappresentazione di variabili alle quali è stato assegnato un valore*

Immaginiamo ora di effettuare le seguenti azioni atomiche (indipendenti tra loro).

A=7; B=C+3; C=C+8;

Il calcolatore provvederà a cancellare il vecchio valore di A e inserire il nuovo, poi assegna a B il valore attuale di C cioè 15 e addiziona 3 ottenendo B=18; ed infine C è dato dal vecchio valore di C (15) a cui addizioniamo 8 (C=15+8=23).
E' interessante soprattutto l'ultima espressione nella quale scriviamo la stessa variabile a sinistra e a destra dell'uguale. Il computer elabora prima l'espressione a destra quindi va a prelevare il valore di C, esamina l'espressione e poi dopo aver terminato verifica a quale variabile assegnare il valore. Volendo rappresentare abbiamo:

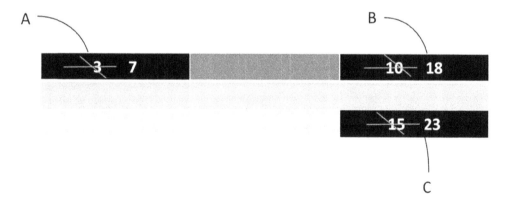

*Figura 10. Rappresentazione di variabili alle quali è stato modificato il valore in esso contenuto*

## 4.2 DICHIARAZIONE DI VARIABILI

Un programma è diviso sostanzialmente in due parti: Dichiarazione delle variabili (header) e corpo del codice (body). Apre la keyword riservata per indicare l' inizio programma e chiude quella riservata per la fine dello stesso.

Per dichiarare una variabile dobbiamo seguire precise regole:

Le variabili vengono definite da un tipo e da un nome (univoco). Il nome per identificare una variabile viene comunemente riferito come identificatore. Un identificatore è costituito da una o più lettere, cifre o caratteri e deve iniziare con una lettera o il carattere di sottolineatura (underscore "_" ); la loro lunghezza massima dipende dal compilatore, ma generalmente non si possono superare i 31 caratteri, ed inoltre il C è case-sensitive, quindi si fa distinzione tra lettere maiuscole e lettere minuscole.

Analizziamo la differenza tra la dichiarazione in PASCAL e in C.

|  | PASCAL | C |
|---|---|---|
| INTERO | A,B:INTEGER; | Int a,b; |
| REALE (Singola Precisione) | X | Float a,b; |
| REALE (Doppia Precisione) | X | Double a,b; |
| CARATTERE | A,B: CHAR; | Char a,b; |
| BOOLEANO | A,B:BOOLEAN; | X |
| REALE (Generico) | A,B: REAL; | X |

In entrambi i casi è possibile dichiarare più variabili dello stesso tipo separati da una virgola e per dichiarare variabili di tipo diverso, si utilizza il ;

Come si può notare in Pascal abbiamo semplicemente il REAL mentre in C esiste il float e il double. Altra differenza è nella scrittura (ma non nella logica) poiché nel primo linguaggio considerato il nome delle variabili precede il tipo mentre nel secondo vale il viceversa.

In Pascal infine l'inizio della dichiarazione delle variabili si indica con la keyword **var**

E' buona consuetudine inizializzare le variabili poiché lo spazio di memoria che occupa potrebbe essere "sporco" ovvero potrebbe essere già scritto e per tal motivo i nostri dati assumerebbero valori idonei.

Es. di Inizializzazione

|  | PASCAL | C |
|---|---|---|
| SOMMA | SOMMA:=0; | SOMMA=0; |
| PRODUTTORIA | PR:=1; | PR=1; |

Si può notare che si inizializza con valori neutri.

"Non in tutti i linguaggi è necessario dichiarare i tipi ma basta inizializzare le variabili affinché il compilatore ne assegni lo spazio in memoria, ciò accade ad esempio nel PHP".

## 4.3   COSTANTI

Nei linguaggi di programmazione è possibile dichiarare un dato a valore fisso, ovvero il suo valore non può variare durante l'esecuzione del programma.

Assumiamo di dover calcolare l'area di un cerchio, sappiamo che la formula A=2$\pi$R ha una costante ovvero il $\pi$.

**Quali sono i vantaggi nel dichiarare un valore costante?**

Rispondere a tale domanda è semplice se si pone un esempio. Supponiamo di lavorare in un'azienda nella quale i dipendenti non aumentano e non diminuiscono per lunghi tempi. Tutti guadagnano lo stesso stipendio, tutti lavorano lo stesso numero di ore. Per sapere la spesa per i salari basta moltiplicare il singolo salario per il numero di dipendenti, per conoscere le ore svolte ripeto lo stesso ragionamento.

Spesa *Complessiva: 50€* * 100 utenti =5000€

*Ore complessive:* 20h * 100 utenti=2000 h

Immaginiamo di avere oltre una trentina di righe di codice che utilizzano il 100 come numero utente. Supponiamo ora di dover cambiare tale numero perché un dipendente viene trasferito. Dovremmo cambiare tutti i 100 che troviamo nel listato con 99, tale lavoro è lungo e tedioso e potrebbe condurre ad un errore. Più ragionevole è invece scrivere ad inizio programma

**Const int Nutenti=100**

**E nel corpo del programma:**

Spesa *Complessiva: 50€* * N utenti

*Ore complessive:* 20h * N utenti

Qualora c'è necessità di cambiare Nutenti mi basterà effettuare una sola modifica. Tale discorso potrebbe essere sostenuto anche con una variabile, ma il valore di Nutenti non cambia durante l'esecuzione e altro vantaggio prezioso delle costanti è la NON allocazione in memoria cioè non occupa memoria perché il compilatore sostituisce Nutenti con il numero effettivo prima di essere processato.

## 4.4   DICHIARAZIONI DI COSTANTI

| PASCAL | C |
|---|---|
| **CONST** nome=valore; | **CONST tipo** nome=valore |

# 5. OPERATORI

## 5.1 OPERATORI RELAZIONALI

Nei linguaggi di programmazione, una classe di elementi spesso utilizzata per la costruzione degli algoritmi è quella degli operatori relazionali.

| OPERATORE | SIGNIFICATO |
|---|---|
| < | Minore Di |
| <= | Minore o eguale di |
| > | Maggiore di |
| >= | Maggiore o equale di |
| == (per il C) = (per il PASCAL) | Uguale a |
| != (per il C) <> (per il PASCAL) | Non uguale a |

## 5.2 OPERATORI LOGICI

Questi operatori permettono di definire le condizioni. Sono tre e rispecchiano la cosiddetta Algebra di Boole.

### 5.2.1 AND

L'operatore AND, indicato con AND in Pascal e && in tanti altri linguaggi come il C, specifica che la condizione è soddisfatta se e solo se tutte le condizioni prese singolarmente sono soddisfatte.

Es. Ho i soldi **E** ho il tempo libero, perciò vado al cinema.

Posso andare al cinema solo perché entrambe le condizioni sono soddisfatte contemporaneamente. Nella tabella seguente analizziamo la "tavola della verità dell'AND"; con 0 indichiamo la condizione non soddisfatta e con 1 il soddisfacimento.

| A | B | A && B |
|---|---|---|
| 0 | 0 | 0 |
| 0 | 1 | 0 |
| 1 | 0 | 0 |
| 1 | 1 | 1 |

Come detto **A&&B è vero se e solo se A è vero E B è vero.**

Es. _informatico_ Vogliamo verificare che un numero sia compreso tra 3 e 10 (estremi inclusi).

Ciò va scritto come N>=3 && N<=10.

### 5.2.2   OR

L'operatore OR, indicato con OR in Pascal e || in C, specifica che la condizione è soddisfatta se e solo almeno una delle due è soddisfatta. Es. Mangio il gelato **O** mangio la pizza.

| A | B | A \|\| B |
|---|---|---------|
| 0 | 0 | 0 |
| 0 | 1 | 1 |
| 1 | 0 | 1 |
| 1 | 1 | 1 |

Come detto **A||B è vero se almeno una è vera.**

Es. _informatico_ Vogliamo verificare che un numero sia minore di 3 o maggiore di 10 (estremi inclusi).

Ciò va scritto come N<=3 || N>=10.

### 5.2.3   NOT

L'operatore NOT, indicato con NOT in Pascal e ! in C, nega l'espressione.

Es. A=Ho i soldi;   NOT(A)= Non ho i soldi;

| A | NOT(A) |
|---|--------|
| 0 | 1 |
| 1 | 0 |

Es. _informatico_ Vogliamo verificare che un numero non sia minore di 3 o maggiore di 10 (estremi inclusi).

Ciò va scritto come !(N<=3 && N>=10) in C e **not**(N<=3 && N>=10)

### 5.2.4   XOR (OR ESCLUSIVO)

L'operatore XOR, indicato con XOR, specifica che la condizione è soddisfatta se e solo una delle due è soddisfatta. Es. Mangio il gelato **ma non** mangio la pizza.

| A | B | A XOR B |
|---|---|---------|
| 0 | 0 | 0 |
| 0 | 1 | 1 |
| 1 | 0 | 1 |
| 1 | 1 | 0 |

Come detto **A XOR B è verificata se sola una è vera.**

# 6. PROGRAMMIAMO INSIEME

Prima di addentrarci in costrutti più complessi, affrontiamo in questo capitolo lettura e scrittura di variabili e scriviamo i primi programmi di esempi.

## 6.1 AMBIENTE DI LAVORO

Per programmare in **PASCAL**, personalmente consiglio Turbo Pascal o Free Pascal (che userò, compatibile con Windows 8, tra gli altri).

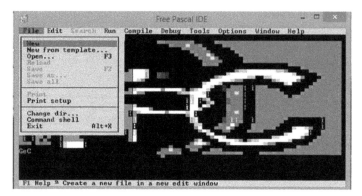

*Figura 11. Schermata d'avvio per iniziare un nuovo progetto in PASCAL.*

Per avviare un nuovo progetto cliccare su "File" >> "New".

Per programmare in **C**, personalmente consiglio Orwel DevC (che userò, compatibile con Windows 8, tra gli altri).

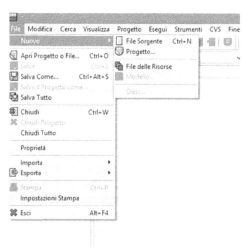

*Figura 12. Schermata d'avvio per iniziare un nuovo progetto in C.*

28

Verifichiamo che entrambi gli ambienti siano funzionanti con un banale programma di saluto.

**HELLO WORLD**

| PASCAL | C |
|---|---|
| Program lettura;<br>begin<br>write('Hello World');<br>readln;<br>end. | #include <stdio.h><br>int main() {<br>printf ("Hello world!\n");<br>return 0;<br>} |

Per eseguire il codice in PASCAL basta schiacciare CTRL+F9 oppure entrare nel menù *RUN* e selezionare *RUN*.

Per eseguire il codice in C basta schiacciare F11 oppure entrare nel menù *Esegui* e selezionare *Compila ed Esegui* oppure cliccare su questa icona ⬚ . Se nessuno dei due codici genera errore allora gli ambienti sono stati correttamente installati.

## 6.2  SCRITTURA

Abbiamo visto che possiamo scrivere dati sul buffer, in particolar modo sullo schermo.

Abbiamo analizzato i modi in cui esprimiamo la scrittura tramite d.d.f. e pseudolinguaggio, adesso facciamolo attraverso il PASCAL e in C.

| PASCAL | C |
|---|---|
| **WRITE** ('messaggio', variabili, 'messaggio');<br>**WRITELN** ('messaggio', variabili, 'messaggio'); | **printf**('messaggio', elenco variabili); |

*PASCAL*

Per stampare in questo linguaggio (che è case unsensitive – non fa differenza tra minuscole e maiuscole) abbiamo a disposizione due metodi :

**write:** stampa il messaggio indicato tra apici e una variabile

**writeln:** esegue la stessa azione di una write ma in automatico ritorna a capo.

*C*

Per stampare in C (che è case sensitive –fa differenza tra minuscole e maiuscole quindi N e n sono due oggetti differenti) abbiamo a disposizione il metodo printf.

Quest'ultimo permette di inserire nel messaggio anche la formattazione per la stampa .

Analizziamo le più comuni possibilità di formattazione per variabili:

printf(' messaggio **%d** messaggio', variabile_intera)

printf(' messaggio **%f** messaggio', variabile_reale)

printf(' messaggio **%c** messaggio', variabile_carattere)

printf(' messaggio **%c** messaggio', variabile_stringa)

Per andare a capo basta scrivere all'interno del messaggio la sequenza **\n**.

Per una variabile reale è bene stabilire quante cifre decimali si debbano stampare attraverso la scrittura %0.<numero cifre decimali>f; 0 indica di stampare tutte le cifre intere.

Es. printf("Questa variabile è \n stampata su due righe %d %f", A,B);

Per poter stampare (ma anche leggere) ad inizio programma dobbiamo scrivere il seguente codice:

**#include <stdio.h>** che permette di includere le azioni standard (std) sull'input (io)

Tale istruzione è fondamentale per eseguire le suddette operazioni altrimenti il compilatore genera il seguente errore poiché non riconosce l'azione printf.

```
Messaggio
In function 'int main()':
[Error] 'printf' was not declared in this scope
```

*Figura 13.Errore del compilatore per mancata inclusione della libreria <stdio.h> in C*

### PASCAL & C

Non è necessario fornire sia il messaggio (che deve essere necessariamente compreso dagli apici) sia la variabile ma qualora lo si facesse si presti attenzione alla sintassi ovvero :

il messaggio tra apici, la virgola tra l'apice a fine messaggio e la variabile, le parentesi tonde, il ; a fine istruzione, la virgola tra una variabile ed un'altra nell'elenco delle variabili (ad eccezione dell'ultima).

## 6.3 LETTURA

Abbiamo visto che possiamo leggere dati dal buffer, in particolar modo sulla tastiera.

Abbiamo analizzato i modi in cui esprimiamo la scrittura tramite d.d.f. e pseudolinguaggio, adesso facciamolo attraverso il PASCAL e in C.

| PASCAL | C |
|---|---|
| **READ** (elenco variabili); | **scanf**('formattazione', **&**elenco variabili); |
| **READLN** (elenco variabili); | |

*PASCAL*

Per stampare in questo linguaggio (che è case unsensitive – non fa differenza tra minuscole e maiuscole) abbiamo a disposizione due metodi :

**READ:** stampa il messaggio indicato tra apici e una variabile

**READLN:** esegue la stessa azione di una read ma in automatico ritorna a capo.

*C*

Per leggere in C (che è case sensitive –fa differenza tra minuscole e maiuscole quindi N e n sono due oggetti differenti) abbiamo a disposizione il metodo scanf. E' necessario far precedere ogni variabile indicata dal carattere **&**

Ripetiamo le più comuni possibilità di formattazione per variabili:

scanf('**%d'**, variabile_intera)

scanf ('**%f'**, variabile_reale)

scanf ('**%c'**, variabile_carattere)

Es. scanf ("%d %f \n", A,B);

**ESERCIZIO.** Leggere due numeri da tastiera e successivamente stamparli

| PASCAL | C |
|---|---|
| **program** letturaScrittura; | #include <stdio.h> |
| **var** N,M:INTEGER; | **int** main() { |
| **begin** | **int** m,n; |
| M:=0; N:=0; | m=0;n=0; |
| writeln('Inserisci M, digita invio, inserisci N'); | printf('Inserisci M, digita invio, inserisci N'); |
| readln(m,n); | scanf ("%d %d \n",&m,&n); |
| writeln('Ecco i valori di M e N'); | printf ("Ecco i valori di %d ed %d",m,n); |
| writeln(M,' ',n); | **return** 0; |
| readln; | } |
| **end.** | |

**Logica del programma**

La logica è uguale per entrambi i codici, dichiaro le variabili, le inizializzo a 0, leggo i due valori e li stampo.

**PASCAL**

Questo è il nostro primo vero programma, quindi analizziamo attentamente.

Il primo comando richiesto è **program** <nome programma>;

Segue la dichiarazione delle variabili **var**

Segue il corpo del programma **begin**

Inizializziamo le variabili a 0 utilizzando **:=**

Utilizziamo **writeln** per stampare un messaggio che indichi cosa fare, poi leggiamo le due variabili, poi stampiamo i valori. Interessante è l'ultima writeln con la quale stampiamo **m poi un messaggio (lo spazio)** e poi n. Si presti attenzione sempre alla sintassi, ogni qualvolta introduciamo un elemento dobbiamo scrivere la virgola.

L'ultimo readln; serve per arrestare il programma e attendere l'invio permettendo cosi di leggere il messaggio stampato.

Si conclude con **end.**

**C**

Il primo comando richiesto è **#include.** L'inclusione di librerie si posiziona in testa al programma.

Segue l'inizio del programma dichiarato con **int main(){**

Inizializziamo le variabili a 0 utilizzando **=**

Utilizziamo **printf** per stampare un messaggio che indichi cosa fare, poi leggiamo le due variabili, poi stampiamo i valori. Interessante è l'ultima printf con la quale mostriamo **un messaggio, una variabile, poi un messaggio ed infine l'altra variabile.** Si presti attenzione sempre alla sintassi, ogni qualvolta introduciamo un elemento dobbiamo scrivere la virgola.

Si conclude con **return 0;}**

# 7. SELEZIONE

## 7.1 SELEZIONE BINARIA

Esaminiamo ora un altro dei tre costrutti che hanno dato vita alla programmazione struttura.

Tramite questo strumento è possibile effettuare delle azioni se una condizione è verificata e qualora non lo fosse si eseguono altre determinate operazioni o si può anche non fare nulla.

Analizziamo il codice in cui una solo azione è eseguita.

| PASCAL | C |
|---|---|
| IF <condizione> THEN azione1 ELSE azione2 | IF <condizione> azione1 ELSE azione2 |

Come si può notare l'unica differenza tra i due linguaggi è l'assenza della keyword THEN in C.

Qualora dovessimo eseguire più di un'azione il codice è il seguente:

| PASCAL | C |
|---|---|
| IF <condizione> THEN | IF <condizione> |
|   BEGIN |   { |
|   Azione1; |   Azione1; |
|   ………… |   ………… |
|   AzioneN; |   AzioneN; |
|   END |   } |
| ELSE | ELSE |
|   BEGIN |   { |
|   Azione1; |   Azione1; |
|   ….. |   ….. |
|   AzioneN; |   AzioneN; |
|   END; |   } |

Come si può notare il BEGIN e l' END in PASCAL sono sostituiti rispettivamente da { e } in C.

Si presti attenzione ancora che l'END prima dell'ELSE non ha punteggiatura poiché il blocco condizionale non è chiuso; se non ci fosse l'ELSE allora porremmo il ;

ESERCIZIO. Leggere un numero da tastiera, se è pari si stampi la metà altrimenti il doppio.

PSEUDOCODICE

```
1.Leggo N

2.Se N/2 = 0 allora Stampa N/2

  ALTRIMENTI Stampa N*2
```

| PASCAL | C |
|---|---|
| **program** TestIf; | #include <stdio.h> |
| | int main() { |
| **var** N:INTEGER; | int N=0; |
| **begin** | printf("Inserire Numero"); |
| N:=0; | scanf("%d",&N); |
| writeln('Inserisci un numero'); | if (N % 2==0) printf ("La meta di %d è |
| readln(n); | %d",N,N/2); |
| **if** (N mod 2=0) **write**('La metà di', N, ' è ', N/2) | else printf ("Il doppio di %d è %d",N,N*2); |
| **else** write('Il doppio di', N, ' è ', N*2); | return 0; |
| readln; | } |
| **end**. | |

Oltre alle ovvie differenze nella lettura e scrittura di variabili dei due linguaggi introduciamo due nuovi concetti:

- L'operatore modulo con il quale calcoliamo il resto di una divisione si esprime con **mod** in Pascal e **%** in C
- L'operatore di uguaglianza in Pascal è indicato con un solo uguale mentre in C con due.
- **Solo per il C** è possibile dichiarare e inizializzare una variabile contemporaneamente.

## 7.2  SELEZIONE MULTIPLA

Supponiamo di voler valutare un test in base al numero di risposte corrette

| PUNTEGGIO | VALUTAZIONE |
|---|---|
| 0..1 | Insufficiente |
| 2..3 | Sufficiente |
| 4..5 | Buono |
| 6..7 | Ottimo |

Scriviamo il pseudocodice con una serie di if, che in questo vengono detti in cascata.

```
SE il punteggio è >= 0 E punteggio <=1

        STAMPA insufficiente

ALTRIMENTI

  SE il punteggio è >=2 E punteggio <=3

        STAMPA sufficiente

ALTRIMENTI

  SE il punteggio è >=4 E punteggio <=5

        STAMPA buono e aumenta il punteggio di 1

ALTRIMENTI

  SE il punteggio è >=6 E punteggio <=7

        STAMPA ottimo

ALTRIMENTI STAMPA eccellente

FINE
```

Come abbiamo potuto notare scriviamo molto codice che riduce la leggibilità dello stesso. Per ovviare a questo problema possiamo utilizzare la SELEZIONE MULTIPLA.

| PASCAL | C |
|---|---|
| program TestSwitch; | #include <stdio.h><br>int main() { |
| var N:INTEGER;<br>begin<br>N:=0;<br>writeln('Digita la valutazione');<br>readln(n);<br>CASE n OF | int N=0;<br>printf("Digita la valutazione\n");<br>scanf("%d",&N);<br>switch (N) |

| | |
|---|---|
| 0..1 : writeln('insufficiente');<br><br>2..3: writeln('sufficiente');<br>4..5:<br>  begin<br>  writeln('buono');<br>  N:=N+1; {aumento N di 1}<br>  writeln('N ora è ', N);<br><br>  end;<br>6..7: writeln('ottimo');<br>else writeln('Eccellente');<br>end;<br>readln;<br>end. | {<br>case 0:case 1: printf ("insufficiente"); break;<br>case 2:case 3: printf("sufficiente"); break;<br>case 4:case 5:<br>{<br>    printf("buono\n");<br>    N=N+1; //N++;<br>    printf("N ora è %d",N);<br>    break;<br>}<br> case 6:case 7: printf("Ottimo"); break;<br>default: printf("ECCELENTE");<br>return 0;<br>}<br>} |

La logica dell'applicazione è stata esaminata con il pseudocodice. Analizziamo quindi il codice vero e proprio. La keyword in Pascal è **CASE** <nome_variabile> **OF** mentre in C è **switch** (espressione). In Pascal è stato possibile definire un intervallo di valori con i **..** mentre in C è stato necessario introdurre un'altra parola chiave **(case)** e per ogni caso ripetere il case che va concluso con la parola chiave **break**. In entrambi i casi se c'è un blocco di istruzioni questo deve essere racchiuso tra **begin end** (PASCAL) o **{}** (C). Infine da non sottovalutare in entrambi i linguaggi è la possibilità di definire un insieme di istruzioni qualora le precedenti non abbiano successo, in Pascal avviene semplicemente tramite l'else mentre in C usiamo la parola riservata **default.** Si noti che l'opposto di break è **continue,** che non interrompe il ciclo ma prosegue con l'iterazione successiva.

**APPROFONDIMENTO (C):** Cosa succede se dimentichiamo di scrivere il break al termine di un case? Il break è una keyword che indica al compilatore di uscire dal blocco e di proseguire con il normale flusso di esecuzione. Se il break è omesso, allora tutti i casi successivi saranno eseguiti fino al raggiungimento del termine o viene trovato un break.

**APPROFONDIMENTO ii :** Abbiamo introdotto i commenti, ovvero porzioni di codice non elaborate dal compilatore. Commentare un codice è fondamentale poiché permette di esplicitare la volontà nello scrivere una determinata espressione favorendo cosi un altro eventuale programmatore ma è anche utile a noi stessi per ricordarci cosa volevamo fare.

In Pascal i commenti si scrivono tra le parantesi graffe, in C se il commento si estende su una sola riga allora si usa **//** altrimenti se occupa più righe viene utilizzato **/\*** messaggio **\*/**

**APPROFONDIMENTO iii (C):** A differenza del Pascal in C è possibile incrementare una variabile attraverso diverse scritture:

variabile=variabile+variabile2;

variabile+=variabile2; **//** forma compatta del metodo precedente, valido con tutti gli operatori

**APPROFONDIMENTO iv (C):** A differenza del Pascal in C è possibile incrementare una variabile di 1 o con i metodi appena studiati oppure scrivendo variabile++;

# 8. ITERAZIONE

## 8.1 L'ITERAZIONE IN GENERALE

In questo capitolo ci approcciamo all'ultima delle tre strutture enunciate dal teorema di Bohm – Jacopini. L'utilità dell'iterazione è stata spiegata nel paragrafo 3.2.3. Analizziamo i diversi metodi per implementare questo costrutto

## 8.2 L'ITERAZIONE ENUMERATIVA

| PASCAL | C |
|---|---|
| **FOR** <var>:=val_init **TO** val_fine **DO** | **For** (<var>= val_init; <variabile>= val_fine;incremento) |

In entrambi i casi abbiamo una variabile, che nel caso dei cicli in gergo viene detta <u>indice</u>, che assume un valore iniziale, raggiunge un valore finale e nel frattempo si esegue il gruppo di istruzioni indicate.

Nel caso del Pascal l'incremento è fissato ed è pari a 1, mentre in C è possibile definire il valore da aggiungere all'indice al termine di ogni iterazione.

**Esercizio.** Sommare i primi N numeri, con N letto da tastiera e stampare la somma

**PSEUDOCODICE**

```
SOMMA=0;

LEGGI N

PER indice=1 A indice=N esegui

SOMMA=SOMMA+ INDICE;

FINE.
```

In generale in informatica per gli indici si usano le variabili **i** e **j**

| PASCAL | C |
|---|---|
| **program** TestFor;<br><br>**var** N,somma,i:INTEGER;<br>**begin**<br>somma:=0;<br>writeln('Digita il numero');<br>readln(n);<br>**for** i:=1 **TO** N **DO**<br>somma:=somma+i;<br>readln;<br>end. | #include <stdio.h><br>int main() {<br>int N,i,somma=0;<br><br><br>printf("Digita il numero\n");<br>scanf("%d",&N);<br>**for** (i=0;i<N;i++)<br>somma+=i;<br>printf("Somma finale %d",somma);<br>return 0; } |

In entrambi i casi se c'è un blocco di istruzioni questo deve essere racchiuso tra **begin   end** (PASCAL) o **{}** (C). Ciò vale per tutti i blocchi e per questo motivo in seguito non specificheremo ancora questo obbligo.

I due programmi sono pressoché simili, analizziamo solo il **for**.

*In PASCAL l'indice di un ciclo inizia da 1, mentre in C da 0*

In pascal non occorrono le parentesi, l'estremo dopo il **TO** è automaticamente incluso, in C invece abbiamo dovuto specificare l'incremento di 1 attraverso i++ e porre come condizione di uscita **<N** poiché l'indice parte da 0 e quando arriva a N ha già compiuto il numero di iterazioni desiderato. In C non è necessario valorizzare nessuna delle tre condizioni. E' quindi possibile scrivere for(;;). Un ciclo di questo tipo però non avendo nessuna condizione potrebbe condurre ad un loop(ciclo) infinito dal quale uscire è impossibile a meno che non si utilizzi la parola chiave break nel blocco di istruzioni del for cosi da interrompere il flusso nel blocco e ritornare alla normale esecuzione del codice. Questa soluzione non è elegante.

## 8.3   L'ITERAZIONE PER FALSO

Poniamoci nel caso di non conoscere a priori il numero di iterazioni, sicché la condizione d'interruzione del ciclo non è ben definita. Per ovviare a questo problema possiamo usare l'iterazione per falso o per vero.

Analizziamo il primo metodo.

| PASCAL | C |
|---|---|
| **REPEAT** istruzioni **UNTIL** (condizione) | **DO** istruzioni **WHILE** (condizione) |

**ESERCIZIO.** Data una somma inizializzata a 0, si aggiunga alla suddetta un valore letto in input fino a quando il risultato non supera 50.

**PSEUDOCODICE**

```
SOMMA=0;

RIPETI
Leggi N

SOMMA=SOMMA+N;

FINO A CHE SOMMA > 50
```

| PASCAL | C |
|---|---|
| program TestRepeat;<br><br>var N,somma:INTEGER;<br>begin<br>somma:=0;<br>repeat<br>  begin<br>writeln('Inserire N');<br>readln(n);<br>somma:=somma+N;<br> end;<br>until (somma>50);<br>writeln('Arrivati a ',somma);<br>readln;<br>end. | |

In C c'è una struttura equivalente, il do..while, ma non rispecchia l'iterazione per falso.

Per capire meglio come funziona il repeat – until possiamo eseguire una tabella di traccia.

| N | SOMMA | ITERAZIONE | VARIABILI |
|---|---|---|---|
| | 0 | | |
| 20 | 20 | 1 | |
| 10 | 30 | 2 | |
| 30 | 60 | 3 | |

*Figura 13. Tabella di traccia per analizzare il comportamento di un ciclo*

Questo strumento permette di testare un programma generico seguendo i valori delle variabili. Per costruire la tabella si deve pensare come un calcolatore, si eseguono gli step come indicato nel codice e ad ogni passo del programma, valorizziamo la tabella.

Al passo 0 la somma è 0.

Analizziamo il codice:

```
repeat
  begin
writeln('Inserire N'); readln(n);
somma:=somma+N;
  end;
until (somma>50);
```

Abbiamo un ciclo, leggiamo N, come supposto pari a 20, addizioniamo il valore attuale di somma (pari a 0) a N (pari a 20) quindi somma=20.

Si testa la condizione (somma>50), essendo falso si continua l'iterazione dal repeat.

Leggiamo N, come supposto in tabella pari a 10, addizioniamo il valore attuale di somma (pari a 20) a N (pari a 10) quindi somma=30

Si testa la condizione (somma>50), essendo falso si continua l'iterazione dal repeat.

Leggiamo N, come supposto in tabella pari a 30, addizioniamo il valore attuale di somma (pari a 30) a N (pari a 30) quindi somma=60

Si testa la condizione (somma>50), essendo vero si interrompe il ciclo.

## 8.4  L'ITERAZIONE PER VERO

Analizziamo ora l'iterazione per vero. A differenza di quella per falso, dove il blocco di istruzioni viene eseguito almeno una volta, in questo tipo di costrutto si esegue il codice del ciclo superando la condizione iniziale.

| PASCAL | C |
|---|---|
| **WHILE** (condizione) **DO** istruzioni | **WHILE** (condizione) istruzioni |

Come si può notare in C viene eliminata la keyword **DO** in tutti e tre tipi di cicli.

Nell'iterazione per vero il blocco di istruzione viene eseguito fino al soddisfacimento della condizione.

**ESERCIZIO.** Data una somma inizializzata a 0, si aggiunga alla suddetta un valore letto in input fino a quando il risultato non supera 50.

**PSEUDOCODICE**

SOMMA=0;

**MENTRE** Somma<50

Leggi N

SOMMA=SOMMA+N;

FINE CICLO

STAMPA SOMMA

Confrontando il pseudocodice del problema precedente riscontriamo due differenze: la condizione è posizionata a monte del blocco e l'operatore di confronto è invertito (prima era >, ora <)

| PASCAL | C |
|---|---|
| **program** TestWhile;<br><br>**var** N,somma:INTEGER;<br>**begin**<br>somma:=0;<br>**while** (somma<50) **do**<br>  **begin**<br>writeln('Inserire N');<br>readln(n);<br>somma:=somma+N;<br> **end;**<br>writeln('Arrivati a ',somma);<br>readln;<br>end. | #include <stdio.h><br>int main() {<br><br>int somma=0,N;<br><br>**while** (somma<50) **//manca il DO**<br>{<br>        printf("Inserire Numero");<br>        scanf("%d",&N);<br>somma+=N;<br>}<br>printf ("Arrivati a %d",somma);<br>return 0;<br>} |

## 8.5 L'ITERAZIONE DO..WHILE (C)

Tale costrutto, disponibile solo in C, ha la stessa struttura del **Repeat..Until** in Pascal, ma è un'iterazione per falso, ed è per questo motivo che non l'abbiamo analizzato contemporaneamente.

Rispetto al caso precedente, almeno una volta il blocco di istruzione viene eseguito

| PASCAL | C COSTRUTTO DO..WHILE | C COSTRUTTO WHILE |
|---|---|---|
| **program** TestRepeat;<br><br>**var** N,somma:INTEGER;<br>**begin**<br>somma:=0;<br>**repeat**<br>  **begin**<br>writeln('Inserire N');<br>readln(n);<br>somma:=somma+N;<br> **end;**<br>**until** (somma>50);<br>writeln(somma);<br>readln; end. | #include <stdio.h><br>int main() {<br>int somma=0,N;<br><br><br>**do**<br>{<br>        printf("Inserire N");<br>        scanf("%d",&N);<br>somma+=N;<br>}<br>**while** (somma<50);<br>printf ("%d",somma);<br>return 0;} | #include <stdio.h><br>int main() {<br><br>int somma=0,N;<br><br>**while** (somma<50) **//manca il DO**<br>{<br>        printf("Inserire Numero");<br>        scanf("%d",&N);<br>somma+=N;<br>}<br>printf ("%d",somma);<br>return 0;<br>} |

Come si può notare la sintassi è quella del **Repeat..Until**, la condizione è la stessa del **While**

# 8.6 EQUIVALENZA TRA COSTRUTTI

I tre metodi sopra analizzati permettono di effettuare la stessa operazione. Resta al programmatore decidere quale costrutto sia migliore tra quelli proposti.

In genere il for (iterazione enumerativa) viene utilizzato se la condizione d'uscita è prefissata, il do..while/repeat..until è utile se si vuole ciclare almeno una volta infine il while (iterazione per falso) si usa per testare fin da subito la condizione.

Qualche lettore potrebbe chiedersi come è possibile scrivere il problema precedente con un'iterazione enumerativa se non conosciamo la condizione d'uscita?

In aiuto giunge la keyword **break**, che abbiamo già analizzato nel paragrafo 7.2.

Vediamo ora un esempio.

| PASCAL | C |
|---|---|
| **program** Equivalenza; | #include <stdio.h> |
|  | int main() { |
| **var** N,somma,i:INTEGER; | int somma=0,N; |
| **begin** |  |
| somma:=0; |  |
| **for** i:=0 to maxint do | **for** (;;) |
|   **begin** | { |
| writeln('Inserire N'); |     printf("Inserire Numero"); |
| readln(n); |     scanf("%d",&N); |
| somma:=somma+N; | somma+=N; |
| **if** (somma>50) **THEN break**; | **if** (somma>50) **break**; |
|   **end**; | } |
| writeln('Arrivati a ',somma); | printf ("Arrivati a %d",somma); |
| readln; | return 0; |
| end. | } |

Come si può notare in **PASCAL** abbiamo dovuto usare un artifizio, poiché dovendo specificare obbligatoriamente un indice e una condizione per il for. Abbiamo utilizzato la costante maxint (intero più grande disponibile) e dichiarare una variabile in più   (i) che ad ogni ciclo verrà incrementata inutilmente.

In entrambi i codici siamo ricorsi ad un ulteriore artifizio ovvero **if** (somma>50) ...;
ciò perché non abbiamo specificato la condizione d'uscita a monte, ma lo facciamo in questo modo all'interno del codice. Tale soluzione non è elegante, però a volte potremmo avere la necessità di scrivere qualcosa del genere.

# 9. TIPI DI DATI STRUTTURATI

Fino ad ora abbiamo utilizzato solo tipi di dati semplici. In informatica nasce però la necessità di avere una collezione di oggetti dello stesso tipo, che siano essi semplici o da noi definiti.

## 9.1 VETTORI

Supponiamo di essere giudici di una gara alla quale partecipano 100 persone. Ad ognuna di questa viene assegnato un numero e un voto. Dobbiamo quindi memorizzare 100 valori in 100 variabili diverse. Dovremmo dichiarare quindi partecipante0,partecipante1,partecipante2,…. Ciò ovviamente è un lavoro lungo e tedioso, che induce all'errore. Per ovviare a questo problema nasce l'array (o vettore) che costituisce una lista ordinata di dati dello stesso tipo individuabili mediante la loro posizione nella lista stessa.

Il concetto di vettore informatico riprende il concetto di vettore matematico. In questa disciplina tale nozione viene indicata con $v_1, v_2, v_3…,v_n$. L'elemento di posto generico i viene indicato con $v_i$. Per accedere ad una determinata posizione i si utilizza la notazione <nome_vettore>[i]. E' possibile assegnare ad una variabile generica X il valore di una cella del vettore, a patto che siano dello stesso tipo (X=A[i])
Si noti che un vettore in PASCAL parte da 1 mentre in C parte da 0.

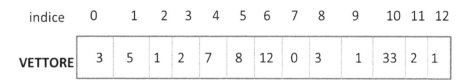

| indice | 0 | 1 | 2 | 3 | 4 | 5 | 6 | 7 | 8 | 9 | 10 | 11 | 12 |
|--------|---|---|---|---|---|---|---|---|---|---|----|----|----|
| VETTORE | 3 | 5 | 1 | 2 | 7 | 8 | 12 | 0 | 3 | 1 | 33 | 2 | 1 |

*Figura 14. Rappresentazione di un vettore in PASCAL*

| indice | 1 | 2 | 3 | 4 | 5 | 6 | 7 | 8 | 9 | 10 | 11 | 12 | 13 |
|--------|---|---|---|---|---|---|---|---|---|----|----|----|----|
| VETTORE | 3 | 5 | 1 | 2 | 7 | 8 | 12 | 0 | 3 | 1 | 33 | 2 | 1 |

*Figura 15. Rappresentazione di un vettore in C*

**DICHIARAZIONE DI UN VETTORE**

| PASCAL | C |
|--------|---|
| var <nome_var>:**array**[1..n] **of** <tipo>;<br>oppure<br>**type** <nome_tipo>=**array**[1..n] **of** <tipo>;<br>var <nome_var>:<nome_tipo><br>La seconda scrittura si preferisce quando | <tipo> <nome_var>[n]; |

| dobbiamo dichiarare più volte lo stesso array, cosi in caso di modifiche si ridefinisce il type e non tutte le dichiarazioni. | |
|---|---|

**N.B.** Non è possibile dichiarare nell'array come estremi una variabile ma è necessario assegnare una costante.

Supponiamo di voler dichiarare un vettore composto da 100 interi.

| PASCAL | C |
|---|---|
| var vettore: **array**[1..100] **of INTEGER**;<br>oppure<br>**type** vettore=**array**[1..100] **of INTEGER**;<br>var vet:vettore; | int vettore[100]; |

**ESERCIZIO.** Dato un vettore di 100 interi, riempire le posizioni di posto pari con 2, quelle di posto dispari con 3.

**PSEUDOCODICE**

Conoscendo a priori la condizione d'uscita (dobbiamo scandire 100 interi) possiamo usare un for.

```
INIZIALIZZO VETTORE

PER I CHE VA DALL'INIZIO A 100 CICLA SU
SE i è pari a[i]=2

ALTRIMENTI a[i]=3;

FINE CICLO

END.
```

| PASCAL | C |
|---|---|
| Program TestVettore;<br><br>var i:integer; vettore:array[1..100]of integer;<br>begin<br>**for** i:=1 **to** 100 **do**<br>begin<br>**if** (i mod 2=0) then<br> vettore[i]:=2<br>else vettore[i]:=3;<br>end;<br>readln;<br>end. | #include <stdio.h><br>int main() {<br>int vettore[100],i;<br><br>**for** (i=0;i<100;i++)<br>{<br>if (vettore[i] % 2==0)<br> vettore[i]=2;<br>else vettore[i]=3;<br>}<br>return 0;<br>} |

Come detto in PASCAL si parte da 1, in C da 0. Il programma cicla sulle varie posizioni che compongono il vettore.

**ESERCIZIO.** Inizializzare un primo vettore A con i primi 10 numeri (1..10), poi fare in modo che un secondo vettore B abbia gli stesso elementi di A.

**Figura 16.** *Inizializzazione di un vettore con i primi 10 numeri naturali in Pascal*

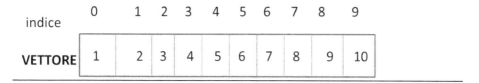

**Figura 17.** *Inizializzazione di un vettore con i primi 10 numeri naturali in C*

Come si può notare nel linguaggio PASCAL l'indice e l'elemento del vettore viaggiano di pari passo, mentre in C la differenza tra l'elemento del vettore e l'indice è di 1. Sfruttiamo quindi l'indice sia per assegnare i valori nel vettore sia per ciclare.

*Suggerimento 1:* Nello specificare un indice per array, è possibile compiere operazioni matematiche direttamente nelle parentesi quadre

*Suggerimento 2:* Non è possibile assegnare un vettore A ad un altro vettore B, è vietato quindi scrivere B=A;

**PSEUDOCODICE, in PASCAL**

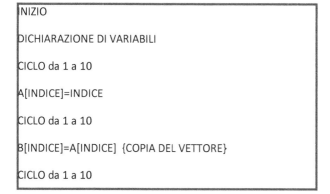

STAMPO A[INDICE]  {Stampo i-esimo elemento del VETTORE}

> CICLO da 1 a 10
>
> STAMPO B[INDICE]  {Stampo i-esimo elemento del VETTORE}

**PSEUDOCODICE, in C**

> INIZIO
>
> DICHIARAZIONE DI VARIABILI
>
> CICLO da 0 a 9
>
> A[INDICE-1]=INDICE
>
> CICLO da 0 a 9
>
> B[INDICE-1]=A[INDICE-1]  //COPIA DEL VETTORE}
>
> CICLO da 0 a 9
>
> STAMPO A[INDICE]  //Stampo i-esimo elemento del VETTORE}
>
> CICLO da 0 a 9
>
> STAMPO B[INDICE]  //Stampo i-esimo elemento del VETTORE}

| PASCAL | C |
|---|---|
| Program TestVettore; | #include <stdio.h> |
| | int main() { |
| var A,B: **array**[1..100]**of** integer; i:integer; | int A[10],B[10],i; |
| begin | |
| **for** i:=1 **to** 10 **do** | **for** (i=1;i<=10;i++) |
| A[i]:=i; | A[i-1]=i; |
| **for** i:=1 **to** 10 **do** | **for** (i=0;i<10;i++) |
| B[i]:=A[i]; | B[i]=A[i]; |
| writeln('Stampo gli elementi di A'); | printf("Stampo gli elementi di A\n"); |
| for i:=1 to 10 do | for (i=0;i<10;i++) |
| writeln(A[i]); | printf("%d\n",A[i]); |
| for i:=1 to 10 do | printf("Stampo gli elementi di B\n"); |
| writeln(B[i]); | for (i=0;i<10;i++) |
| readln; | printf("%d\n",B[i]); |
| end. | return 0; |
| | } |

## 9.2 STRINGHE

Argomento molto importante che merita un proprio paragrafo è la stringa.

Una stringa è una collezione di caratteri concatenati tra loro in modo da formare una parola.

In PASCAL il tipo string è built-in mentre in C va dichiarato come array di char.

| PASCAL | C |
|---|---|
| var A:**STRING**[n]; oppure<br>var A:**STRING**; | **char** A[n]; |

Una stringa termina sempre con il carattere '\0' (carattere terminatore, volgarmente detto tappo).

"A" contiene la stringa, la lunghezza massima della stringa è n-1 carattere (l'ennesimo è per il terminatore). Qualora la stringa dovesse essere più piccola le restanti posizioni restano vuote.

Essendo una stringa un vettore posso gestirlo accedendo ad una determinata posizione con la notazione A[i].

In C è presente una libreria per la manipolazione delle stringhe che deve essere opportunamente inclusa nella sezione dichiarativa globale attraverso **#include <string.h>**.

Nella libreria sono definite alcune funzioni utili alla gestione delle stringhe

Tra le altre citiamo:

– strlen(char stringa[]): restituisce la lunghezza di una stringa

– strcpy(char stringa1[], char stringa2[]): copia stringa1 in stringa2

– strcat(char stringa1[], char stringa2[]): accoda a stringa1 il contenuto di stringa2

– strcmp(char stringa1[], char stringa2[]): confronta stringa1 e stringa2

# 9.3 MATRICI

Da piccoli e ancora oggi giochiamo a giochi che utilizzano una struttura matriciale. Gli esempi sono tanti ma tra i più famosi possiamo citare gli scacchi, Battaglia Navale, Tris. Una **matrice** è una tabella di valori ordinati per righe o per colonne che permettono di organizzare dati complessi. Supponiamo di voler indicare per tre prodotti la quantità di vendita effettuata nei primi tre giorni della settimana.

|  | giorno1 | giorno2 | giorno3 |
|---|---|---|---|
| prodotto1 | 10 | 20 | 30 |
| prodotto2 | 0 | 5 | 2 |
| prodotto3 | 10 | 15 | 20 |

*Figura 18. Rappresentazione in tabella di dati*

In questo modo i dati sono ben organizzati e comprensibili, sono state veduta 10 unità del prodotto1 il giorno1, 20 unità il secondo, 30 il terzo e cosi via.

In matematica una matrice è costituita da due indici, il primo indica la riga, il secondo la colonna. Ad esempio la scrittura MATRICE[3][1] identifica l'elemento della MATRICE in terza riga, prima colonna ovvero 10.

Una matrice come si può notare è formata da vettori di vettori. Ovviamente è possibile dichiarare anche matrici non quadrate (cioè con lo stesso numero di righe e colonne).

| PASCAL | C |
|---|---|
| Var <nome_var>:**array**[1..n,1..m] of <tipo>;<br>oppure<br>**Type** <nome_tipo>= **array**[1..n,1..m] of <tipo>;<br>var <nome_var>: **array**[1..n,1..m] of <tipo>; | <tipo> <nome_var>[n][m] |

**ESERCIZIO.** Data una matrice 3x4 memorizzare in ogni elemento la somma degli indici. Terminato stampare la matrice risultante

*Suggerimento:* Per esercizi più complessi è opportuno basarsi su una rappresentazione grafica, in modo tale da approcciarsi al problema in maniera coscienziosa, sapendo i passi da compiere.

*Costrutto:* Sapendo a priori di dover eseguire i nostri calcoli su una matrice 3x4 il costrutto migliore da utilizzare è sicuramente un ciclo for. In generale per scandire totalmente un vettore, una matrice o una struttura dati più complessa con bound superiore prefissata si preferisce l'iterazione enumerativa. Inoltre qualora si dovesse ricorrere a cicli annidati il compilatore esegue sempre il ciclo più interno, solo dopo aver eseguito il numero di iterazioni previste analizzerà il ciclo esterno.

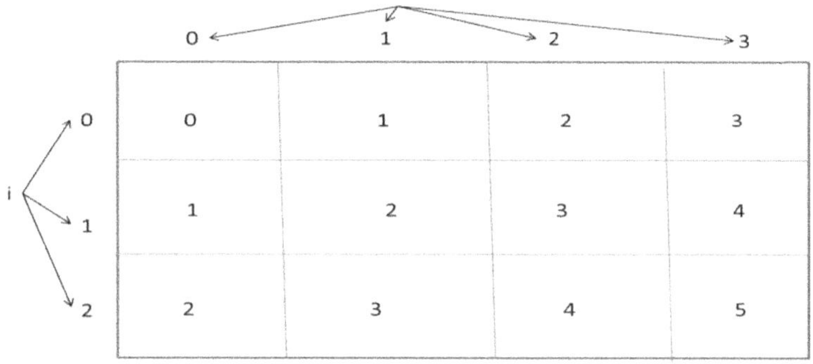

*Figura 19. Rappresentazione di una matrice*

**PSEUDOCODICE**

```
INIZIO

CICLO SULLE RIGHE, Indice I(DA 0..N-1 per il C, 1..N per il PASCAL)
CICLO SULLE COLONNE, Indice J (DA 0..N-1 per il C, 1..N per il PASCAL)
MATRICE[I][J]=i+j; //valorizzo l'elemento di posizione i,j con la somma degli indici

FINE CICLO COLONNE

FINE CICLO RIGHE

CICLO SULLE RIGHE, Indice I(DA 0..N-1 per il C, 1..N per il PASCAL)
CICLO SULLE COLONNE, Indice J (DA 0..N-1 per il C, 1..N per il PASCAL)
STAMPA ELEMENTO MATRICE[I][J]; //valorizzo l'elemento di posizione i,j con la somma degli indici

FINE CICLO COLONNE

FINE CICLO RIGHE
```

**TABELLA DI TRACCIA**

Prima di tradurre il nostro pseudocodice nel linguaggio di programmazione desiderato è opportuno tracciare la tabella di traccia per verificare che non ci siano errori di logica, che il compilatore non segnalerebbe e per comprendere anche meglio il significato di ciò che abbiamo scritto. La tabella tracciata riporta gli indici inizializzata per i linguaggi C-like (quindi a 0). Il ragionamento per costruirne una per il PASCAL è identico.

| i | j | i+j | M[i][j]=i+j |
|---|---|---|---|
| 0 | 0 | 0 | M[0][0]=0 |
| 0 | 1 | 1 | M[0][1]=1 |
| 0 | 2 | 2 | M[0][2]=2 |
| 0 | 3 | 3 | M[0][3]=3 |
| 1 | 0 | 1 | M[1][0]=1 |
| 1 | 1 | 2 | M[1][1]=2 |

*Figura 20.* *Rappresentazione di una tabella di traccia per la verifica di un algoritmo riguardanti le matrici*

Come si può notare gli indici vengono inizializzati entrambi a 0, il compilatore entra nel ciclo più interno, esegue il blocco di istruzioni fino al soddisfacimento della condizione ovvero j=3 (N-1) senza però variare l'indice i che appartiene al ciclo più esterno. Terminata l'iterazione interna, esce dal blocco e continua la normale esecuzione, essendoci un altro ciclo la cui condizione non è soddisfatta ripete le istruzione interne ovvero il ciclo di indice j. Come detto prima il compilatore termina il ciclo interno, controlla la condizione d'uscita del ciclo esterno che non essendo soddisfatta scatena un'altra iterazione. Ciò viene ripetuto fino al verificarsi della condizione del ciclo più esterno.

| PASCAL | C |
|---|---|
| Program TestMatrice; | #include <stdio.h> |
| | int main() { |
| **const** N:integer=3; {#righe} | const int N=3; |
| **const** M:integer=4; {#righe} | const int M=4; |
| type matrice=array[1..3,1..4] of integer; | |
| var i,j:integer; mat:matrice; | |
| begin | int i,j; int mat[3][4]; |
| {Inserimento valori in matrice} | //Inserimento valori in matrice |
| **For** i:=1 to N do | for (i=0;i<N;i++) |
| **For** j:=1 to M do | for (j=0;j<M;j++) |
| Mat[i][j]:=i+j; | mat[i][j]=i+j; |
| {Lettura valori da matrice} | //Lettura valori da matrice |
| **For** i:=1 to N do | for (i=0;i<N;i++) |
| **Begin** | { |
| **Writeln(");**{ritorno a capo per leggibilità} | printf("\n"); //ritorno a capo per leggibilità |

| | |
|---|---|
| **For** j:=1 to M do<br>  Writeln('valore    elemento    in posizione',i,',',j,',',mat[i][j]);<br>End; {del ciclo}<br>readln;<br>end. | for (j=0;j<M;j++)<br>  printf("Valore elemento in posizione %d,%d è: %d\n",i,j,mat[i][j]);<br>} //CHIUSURA CICLO<br>return 0;} |

Questo è lo schema generale per la lettura e la scrittura di valori di una matrice. Ovviamente è possibile manipolare il blocco di istruzioni interno ai cicli come si preferisce, ad esempio per far stampare i valori in forma tabellare come visto in figura 20

## 9.4 RECORD

Supponiamo di voler descrivere una persona: questi avrà un codice fiscale, nome, cognome, età, sesso, indirizzo. Questi dati devono essere rappresentati come un unico oggetto, nasce così il concetto di **record.**

Un record è composto da **campi** eterogenei tra loro relativi ad un unico soggetto. Un campo può essere ulteriormente scomposto, ad esempio il dato indirizzo precedentemente citato può essere diviso in Via, Numero Civico, Cap, Città.

| PASCAL | C |
|---|---|
| **Type** <nome_tipo>=**record**<br> <elenco_campi>:<tipo><br> **end;** | **typedef struct {**<br> <tipo> <elenco_campi><br> **}** <nome_tipo>; |
| **Type** Indirizzo=**record**<br>   Via:string[30];<br>   NCiv:integer;<br>   Cap:Integer;<br>   Citta:string[40]<br>   End; | **typedef struct {**<br> char Via[30];<br> int NCiv;<br> int Cap;<br> char Citta[40];<br> } Indirizzo; |
| **type** PERSONA=**record**<br>   CF:String[16];<br>   cognome:String;<br>   Nome:String;<br>   Sesso:Char;<br>   ind:INDIRIZZO;<br>   end;<br> var utente:PERSONA; | **typedef struct {**<br> char CF[16];<br> char cognome[20];<br> char Nome[20];<br> char Sesso;<br> Indirizzo ind;<br> } Persona;<br> Persona utente; |

Nell'esempio abbiamo costruito un oggetto Indirizzo e un oggetto Persona(che utilizza Indirizzo). Abbiamo poi dichiarato una variabile (utente) di tipo Persona.

### 9.4.1  SCRITTURA DI UN CAMPO DEL RECORD

E' possibile scrivere un campo del record attraverso l'assegnamento e le operazioni finora esaminate. Per accedervi basta indicare <nome_variabile>.<nome_campo>.

Vogliamo scrivere nel campo "Sesso" il valore "m". Supponiamo di aver dichiarato una variabile utente come visto nella tabella precedente.

| PASCAL | C |
|---|---|
| Utente.Sesso="m"; {assegnazione diretta} | Utente.Sesso='m'; //assegnazione diretta |
| Readln(Utente.Sesso); {lettura} | scanf("%c",utente.sesso); //lettura |

Come si può notare nulla è cambiato rispetto a quanto studiato finora.

### 9.4.2  LETTURA DI UN CAMPO DEL RECORD

Analogamente a quanto esaminato per la scrittura, avviene per la lettura.

Leggiamo ora il valore memorizzato nel campo sesso.

| PASCAL | C |
|---|---|
| writeln(Utente.Sesso); | printf(utente.sesso); |

### 9.4.3  ARRAY DI RECORD

E' possibile dichiarare anche array di record con la sintassi esaminata nel paragrafo 9.1 riservato agli array.

| PASCAL | C |
|---|---|
| <nome>:array[1..N] of <tipo> | <tipo> <nome_var>[N] |
| Es. | Es. |
| Utenti: array[1..N] of persona; | Persona Utenti[100]; |

Per l'accesso ai dati

| PASCAL | C |
|---|---|
| <nome_var>[indice].<nome_campo>=<valore> | <nome_var>[indice].<nome_campo>=<valore> |

## 9.5 OPERATORE WITH (PASCAL)

Per evitare di dover sempre indicare il nome della variabile e scrivere solo il campo è possibile utilizzare l'operatore with che ha la seguente sintassi. Dichiarata una variabile Utente di tipo Persona

```
With Utente do

Begin

Readln(CF);

Readln(cognome);

end;
```

# 10.    SOTTOPROGRAMMI

Abbiamo analizzato la metodologia **TOP – DOWN nel paragrafo 2.2** per risolvere problemi complessi.    Il    progetto    viene    scomposto    in    moduli    più    piccoli. La parte principale di un programma viene definito **main**. Esso richiama i **sottoprogrammi.**

Questi ultimi, anche detti **subroutine**, vengono richiamate da un componente, eseguono i calcoli al loro interno, restituiscono il risultato (qualora ci fosse) al chiamante che riprende la propria esecuzione.

E' utile strutturare un programma in un sottoprogramma perché ci permette di riutilizzare codice. Supponiamo di dover scrivere tre volte sempre lo stesso codice in differenti punti, questo lavoro è lungo e tedioso, conduce all'errore, è difficilmente comprensibile ed appesantisce la struttura del programma.

Per ovviare a questi problemi nasce il concetto di sottoprogramma. **Essa va dichiarata prima o dopo l'inizio del programma in C**, in **PASCAL solitamente dopo il program** si assegna un nome alla subroutine e si scrive il blocco di istruzioni.

I vantaggi sono i seguenti:

1. Scrivere più volte lo stesso blocco di istruzioni richiamando semplicemente il nome del sottoprogramma
2. E' possibile applicare il blocco di istruzioni anche su variabili differenti, il che permette il riuso del codice
3. E' possibile integrare un programma già realizzato, esprimerlo in sottoprogramma ed utilizzarlo in un altro programma.

Abbiamo introdotto cosi un potente concetto informatico.

# 10.1 CHIAMATA AD UN SOTTOPROGRAMMA

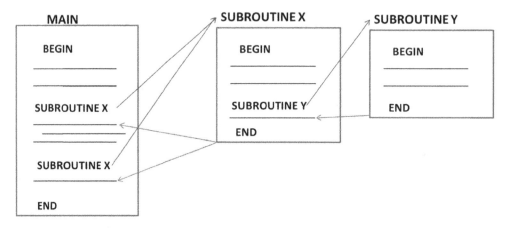

***Figura 21.*** *Schema rappresentante chiamate a sottoprogrammi*

Durante l'esecuzione del programma, si richiama una subroutine denominata X, questa viene eseguita, il compilatore verifica la presenza di una subroutine Y, quindi la esegue. Terminato l'esecuzione del blocco di istruzioni contenuto in Y, il controllo viene ripreso da X, che termina i propri calcoli quindi si continua con il flusso del main.

Questo schema viene poi ripetuto una seconda volta con la successiva chiamata a X. In questo modo il programma diventa più leggibile, poiché non ripetiamo sempre lo stesso codice in diversi punti.

E' possibile che il main invochi A che a sua volta invoca B che invoca C e cosi via. C'è però un limite a queste invocazioni infatti con un livello di invocazione troppo profondo il compilatore genera errore.

Prima di approfondire ulteriormente delineiamo una distinzione tra due tipologie di sottoprogrammi:

- una che permette di ritornare il valore al chiamante
- una che esegue le operazioni ma non torna alcun valore.

In PASCAL questa differenza viene espressa tramite due keyword: **FUNCTION**(che espleta il primo metodo elencato) e **PROCEDURE** (che rispecchia il secondo tipo).

In C invece esiste un'unica keyword: **FUNCTION** per espletare entrambe le tipologie.

# 10.2 PASSAGGIO DI PARAMETRI, VARIABILI LOCALI E GLOBALI

All'interno di un sottoprogramma si possono dichiarare costanti, tipi, variabili come proprio in un programma qualsiasi. Tutti i dati dichiarati all'interno di una subroutine vengono inizializzati al momento dell'**invocazione** e vengono distrutti al momento della terminazione, inoltre hanno visibilità solo all'interno del sottoprogramma. Questo tipo di variabili vengono definite **locali**.

Se invece le variabili vengono dichiarate nel main sono dette **globali** poiché hanno visibilità in tutto il programma e cessano di esistere solo con la terminazione del programma totale. La potenza dei sottoprogrammi è data dalla possibilità di passare parametri. Supponiamo di voler scrivere un programma che scambi il valori di due variabili A e B.

**PSEUDOCODICE**

TEMP←A; {pongo il valore di A in una variabile temporanea}

A←B; {metto il valore di B nella variabile A il cui valore è conservato in TEMP}

B← TEMP; {assegno il valore di TEMP, che contiene il valore originale di A, in B}

Abbiamo utilizzato una variabile intermedia TEMP e due variabili A,B. Supponiamo di dover effettuare lo scambio tra altre due variabili C e D.

**PSEUDOCODICE**

TEMP←C; {pongo il valore di C in una variabile temporanea}

C←D; {metto il valore di D nella variabile C il cui valore è conservato in TEMP}

D← TEMP; {assegno il valore di TEMP, che contiene il valore originale di C, in D}

E se avessimo altre due variabili E ed F?

Per risolvere questo problema è permesso il passaggio dei parametri ovvero trasferire i dati dal chiamante al chiamato. Il sottoprogramma lavora con oggetti fantocci (**dummy parameters** – leggi dammi paramitars), che sono variabili disponibili solo all'interno del sottoprogramma e vengono usati come **parametri formali**. Essi non assumono valore fin quando non viene effettuata la chiamata vera e propria acquisendo cosi significato col programma chiamante. All'invocazione avviene l'assegnamento ai parametri formali che vengono detti **parametri attuali**.

E' quindi importante che i parametri invocati al momento della chiamata siano dello stesso numero e dello stesso tipo dei parametri formali.  Per capire quanto affermato proponiamo la dichiarazione di sottoprogrammi e relativi esempi

| PASCAL | C |
|---|---|
| **PROCEDURE** <nome_sub>(lista_parametri) <br> **FUNCTION** <nome_sub>(lista_parametri):**tipo;** | **tipo** <nome_sub>(lista_parametri) |

E' necessario in caso di **FUNCTION** che il valore da restituire sia contenuto in una variabile il cui nome è uguale a <nome_sub>. In C non c'è questa limitazione, si usa la parola chiave **return** seguita dal nome della variabile

**ESERCIZIO. Realizzare un sottoprogramma in grado di effettuare lo scambio di due variabili**

**PSEUDOCODICE SUBROUTINE**

TEMP←A; {pongo il valore di A in una variabile temporanea}

A←B; {metto il valore di B nella variabile A il cui valore è conservato in TEMP}

B← TEMP; {assegno il valore di TEMP, che contiene il valore originale di A, in B}

Come abbiamo accennato nell'introduzione del capitolo in C vi è una sola parola chiave mentre in PASCAL due.

Per rappresentare una procedura in C come **tipo** si indica la keyword **void**, per la funzione invece si scrive il tipo che si vuol far restituire.

**Dichiarazione di una PROCEDURE denominata SCAMBIO che passa due parametri(A,B) e non restituisce alcun valore**

| PASCAL | C |
|---|---|
| **PROCEDURE** SCAMBIO(A,B:integer); | **void** SCAMBIO(int A,int B) |

Si noti che in Pascal è possibile dichiarare contemporaneamente le variabili mentre in C è necessario ogni volta dichiararne il tipo.

**Dichiarazione di una FUNCTION denominata SOMMA che passa due parametri(A,B) e restituisce la somma (intera).**

| PASCAL | C |
|---|---|
| **FUNCTION** SOMMA(A,B:integer):integer; | **int** Somma(int A,int B) |

### 10.2.1  PASSAGGIO PER VALORE

Come abbiamo visto nell'invocazione di una subroutine è possibile passare delle variabili. Quest'operazione è suddivisa in due tipi: **per indirizzo** e **per valore**.

Supponiamo di voler scambiare due variabili utilizzando il pseudocodice scritto in precedenza.

| PASCAL | C |
|---|---|
| **Program** PerValore;<br>  **procedure** scambio(a,b:integer);<br>   var temp:integer; {var subroutine}<br>   **begin**<br>   temp:=a;<br>   a:=b;<br>   b:=temp;<br>writeln('Val di c dopo lo scambio nella procedura è:',a);<br>writeln('Val di d dopo lo scambio nella procedura è:',b);<br>   **end;**<br><br><br><br><br><br>  **var** c,d:integer; {var del programma}<br>**begin**<br>c:=3;d:=4;<br>scambio(c,d); {invocazione}<br>writeln('Il valore di c dopo lo scambio',c);<br><br>writeln('Il valore di d dopo lo scambio',d);<br><br>readln;<br>end. | #include <stdio.h><br>  **void** scambio(int a,int b)<br>  {<br>  int temp; //var subroutine<br>  temp=a;<br>  a=b;<br>  b=temp;<br>printf("Val di c dopo lo scambio nella procedura è:%d\n",a);<br>printf("Val di d dopo lo scambio nella procedura è:%d\n",b);<br>  }<br><br><br><br><br>int main(){<br>int c,d; //var del programma<br><br>c=3;d=4;<br>scambio(c,d); //invocazione<br>printf("Il valore di c dopo lo scambio è:%d\n",c);<br>printf("Il valore di d dopo lo scambio è:%d\n",d);<br>return 0;<br>} |

Il programma restituisce il seguente output:

***Figura 22.*** *Output del programma che scambia due variabili attraverso invocazione di procedura con passaggio per valore*

61

Come si può notare il valore della variabili nella procedura vengono scambiati ma all'esterno nulla è variato.

Questa è una proprietà del passaggio per valore poiché il valore delle variabili viene prelevato e copiato in altre variabili (create in automatico) e su queste vengono eseguiti i vari calcoli.

E' molto utile utilizzare questo tipo di invocazione qualora si effettuino delle assegnazioni a variabili alle quale non vogliamo cambiare il valore di output poiché come si nota dal codice appena esaminato, la variabile c ha valore 3, assume valore 4 nella procedura, ma alla terminazione acquisisce il suo valore originale (cioè 3).

**N.B.** Estremamente sconsigliato è l'utilizzo di writeln che stampano i valori di variabili all'interno di una procedura. E' opportuno farsi restituire il valore e stamparlo successivamente.

## 10.2.2 PASSAGGIO PER INDIRIZZO

Nel passaggio per indirizzo è possibile modificare il valore delle variabili invocate nella procedura poiché, invece di duplicare il valore ed utilizzare una variabile dummy, si usa l'indirizzo di locazione (indirizzo della memoria) della variabile originale sicché ogni modifica viene effettuata sul dato originale.

| PASCAL | C |
|---|---|
| **PROCEDURE** SCAMBIO(**VAR** A,B:integer); | **void** SCAMBIO(int **&**A,int **&**B) |

Invece nell'invocazione dobbiamo usare la seguente sintassi:

| PASCAL | C |
|---|---|
| SCAMBIO(A,B); | SCAMBIO(A,B); |

Analizziamo quindi il codice necessario per effettuare un'invocazione con passaggio per indirizzo.

| PASCAL | C |
|---|---|
| **Program** PerIndirizzo;<br> **procedure** scambio(**VAR** a,b:integer);<br>  var temp:integer; {var subroutine}<br>  **begin**<br>  temp:=a;<br>  a:=b;<br>  b:=temp;<br>  writeln('Val di c dopo lo scambio nella procedura è:',a);<br>  writeln('Val di d dopo lo scambio nella procedura è:',b);<br>  **end;**<br><br><br> var c,d:integer; {var del programma}<br> **begin**<br>c:=3;d:=4;<br>scambio(c,d); {invocazione}<br>writeln('Il valore di c dopo lo scambio',c);<br><br>writeln('Il valore di d dopo lo scambio',d);<br><br>readln;<br>end. | #include <stdio.h><br> **void** scambio(int &a,int &b)<br>  {<br>  int temp; //var subroutine<br>  temp=a;<br>  a=b;<br>  b=temp;<br>  printf("Val di c dopo lo scambio nella procedura è:%d\n",a);<br>  printf("Val di d dopo lo scambio nella procedura è:%d\n",b);<br>  }<br><br><br>int main(){<br>int c,d; //var del programma<br>c=3;d=4;<br>scambio(c,d); //invocazione<br>printf("Il valore di c dopo lo scambio è:%d\n",c);<br>printf("Il valore di d dopo lo scambio è:%d\n",d);<br>return 0;<br>} |

```
Il valore di c dopo lo scambio nella procedura è:4
Il valore di d dopo lo scambio nella procedura è:3
il valore di c dopo lo scambio:4
il valore di d dopo lo scambio:3
```

*Figura 23. Output del programma che scambia due variabili attraverso invocazione di procedura con passaggio per indirizzo*

**Esempio di Funzione: Subroutine che dato in input due variabili A e B calcoli A+(B*A)**

| PASCAL | C |
|---|---|
| **Program** Funzione;<br>  **funzione** espressione(a,b:integer):**integer**;<br>    var calcolo:integer; {var subroutine}<br>    **begin**<br>  calcolo:=A+(B*A);<br>  espressione:=calcolo;<br>    **end;** | #include <stdio.h><br>  **int** espressione(int a,int b)<br>    {<br>    **int** calcolo;<br>  calcolo=A+(B*A);<br>  **return** calcolo;<br>    } |
| **var** c,d,valoreExp:integer; {var del programma}<br>**begin**<br>c:=3;d:=4;<br>valoreExp:=espressione(c,d);<br>writeln('Il valore è',valoreExp);<br>readln;<br>end. | int main(){<br>int c,d,valoreExp; //var del programma<br>c=3;d=4;<br>valoreExp:=espressione(c,d);<br>printf("Il valore è:%d\n",valoreExp);<br>return 0;<br>} |

E' necessario in caso di **FUNCTION** che il valore da restituire sia contenuto in una variabile il cui nome è uguale a <nome_sub>. In C non c'è questa limitazione, si usa la parola chiave **return** seguita dal nome della variabile

# 11. CONCLUSIONI

Lo scopo di questa guida è quello di permettere al lettore l'apprendimento delle basi della programmazione strutturata.

In particolare, fin da subito, si è cercato di spiegare le tecniche di progettazione che sono indipendenti dal linguaggio di programmazione. Tale concetto è stato evidenziato in tutto il documento, soprattutto attraverso l'utilizzo del pseudocodice, unico per entrambi i linguaggi di riferimento. Si ha adesso la conoscenza necessaria per affrontare qualsiasi altro linguaggio di programmazione strutturato (e non).

Anche in JAVA (tipico linguaggio ad oggetti) esiste il concetto di variabile, iterazione, selezione e cosi via.

Inoltre si è fatto riferimento a tutti i concetti essenziali dell'informatica. Approfondimenti per elementi avanzati verranno esaminati nel prossimo ed ultimo documento.

Prevalentemente verranno argomentati i puntatori, la definizione di libreria, strutture dati complesse ma anche algoritmi tipici dell'informatica (ordinamento, ricerca..) ed infine saranno presenti argomenti teorici per comprendere fino in fondo questa "scatola" stupida eppur cosi intelligente se affidate nelle giuste mani.

# 12.   BIBLIOGRAFIA

Istituzioni di informatica – Ceri, Mandrioli, Sbattella

Tecniche Informatiche – Guide alle attività di laboratorio - Cecconi

Informatica – Dall'informatica di base alla grafica computerizzata - Balossino

Informatica – Algoritmi, Strutture dati, Calcolatori… - Bonelli, Italiani, Serazzi

Elementi di Informatica – Mantovani

# INDICE

www.ingramcontent.com/pod-product-compliance
Lightning Source LLC
Chambersburg PA
CBHW061033050326
40689CB00012B/2804